Show Me You Love Me

Demuéstrame que me amas

Show Me You Love Me

A Parent's Daily Guide to Teaching Children They are Valuable

Tara Koerber

♥

Beatify Books
Kingmont, WV

Demuéstrame que me amas

Una guía diaria para padres para enseñarles a sus hijos que son valiosos

Tara Koerber

Beatify Books
Kingmont, WV

Published by:
Beatify Books
PO Box 140
Kingmont, WV 26578-0140
Beatifybooks.com

ISBN 978-0-9754760-2-4
Library of Congress Control Number: 2006908945

Publicado por:
Beatify Books
P.O. Box 140
Kingmont, WV 26578-0140
Beatifybooks.com

ISBN 978-0-9754760-2-4
Número de control de Biblioteca del
Congreso: 2006908945

Dedications:

To my beautiful children,
I am so blessed to have you in my life.
I only hope that I make you feel half as special as you really are.
Each one of you is a priceless treasure and I am the luckiest woman in the world to get to hold you.
I love you infinity, infinity, infinity....

To Mrs. Judy Cook,
You have touched my son's life in the most profound way. I love the look in his eyes when he describes how lovable you are. You are irreplaceable. Thank you.

To Mrs. Joyce Evans,
The room lights up whenever you look at a child. You find something wonderful to praise in each student. Your energy, enthusiasm, and creativity are contagious! Thank you.

To Mrs. Kerr,
You make school a warm and nurturing place to be. You are first class. We are blessed to have found your school. Thank you.

Dedicaciones:

A mis bellos hijos:
Es una gran bendición tenerlos en mi vida.
Sólo espero poder hacerlos sentir la mitad de lo especial que son en realidad. Cada uno de ustedes es un tesoro invaluable y soy la mujer más afortunada del mundo por poder tenerlos. Los amo infinitamente, infinitamente, infinitamente...

A la Sra. Judy Cook:
Has tocado de la manera más profunda la vida de mi hijo. Amo el brillo de sus ojos cuando describe lo adorable que eres. Eres irreemplazable. Gracias.

A la Sra. Joyce Evans:
La sala se ilumina cada vez que miras a un niño. Siempre encuentras algo maravilloso para elogiar en cada estudiante. ¡Tu energía, entusiasmo y creatividad son contagiosos! Gracias.

A la Sra. Kerr:
Haces de la escuela un lugar cálido y acogedor. Eres de primera clase. Haber encontrado tu escuela fue una bendición. Gracias.

Contents

Contenidos

Introduction

It appears that once a person hits the age of twenty-one, the years begin to fast forward. Through this whirling momentum our children escape and fly by us. We are caught in this whirlwind of time being pulled in every direction by work, bills, and the stressors of life. When we look away, just for an instant, our children are grown and we have missed their childhood.

What can we do to juggle these stressors more effectively so that we may have more time with our children? Everyday we can create the illusion of stopping time, even if just for a few moments. We have the power to help create incredible moments for our children. "Moments" that as an adult they will have compiled into memories from childhood. They are like brief snapshots in a photo album. They are glimpses at moments that were special or meaningful. Choose an item from this book to try right now! Life is too short.

☺☺☺☺

Introducción

Parece ser que una vez que una persona llega a la edad de veintiuno, los años comienzan a pasar vertiginosamente. Durante este momento de vorágine, nuestros hijos se nos escapan de las manos y salen volando. Nos encontramos atrapados en esta vorágine de tiempo, siendo jalados hacia todas direcciones por el trabajo, las cuentas y los factores estresantes de la vida. Cuando nos damos cuenta, en un instante, nuestros hijos han crecido y nos hemos perdido su infancia.

¿Qué podemos hacer para manejar con mayor efectividad estos factores estresantes, para poder tener más tiempo con nuestros hijos? Todos los días podemos crear la ilusión de detener el tiempo, aunque sea por pocos minutos. Tenemos el poder de ayudar a crear momentos increíbles para nuestros hijos. "Momentos" que, como adultos, llevarán gravados en sus mentes como recuerdos de su infancia. Son como fotos en un álbum. Son como visiones fugaces de momentos que fueron especiales o significativos. ¡Escoge una idea de este libro para probar ya mismo! La vida es demasiado corta.

The Daily Checklist

□ **Tell my child one thing about him/her that I am grateful for today.**

□ **Do one loving act to demonstrate how very much I care.**

□ **Say I love you.**

Reflect on the magical memories you have created and will continue to create.

La lista de control diaria

☐ **Decirle a mi hijo una cosa sobre él por la que hoy estoy agradecida.**

☐ **Realizar un acto cariñoso para demostrarle cuánto me importa.**

☐ **Decir te amo.**

Reflexiona sobre las memorias mágicas que has creado y continuarás creando.

"Where there is great love, there are always miracles."

-Willa Cather

"Donde hay mucho amor, siempre existen los milagros".

-Willa Cather

1. Monday: Mommy Airlines ✈

One day my son was playing in the backyard when an airplane flew right by him and landed on the ground next to him. He looked all around and no one was to be seen. He proceeded to pick up his *paper* airplane and inspect it. Inside he found a message that read, " I ♡ U- Mom."

Do not wait! Grab a piece of paper now and fold it to make a paper airplane. On both sides of the wings write Mommy airlines. Inside include a cute message. You could even include a message to meet you inside for a game of Monopoly!

1. Lunes: Aerolíneas Mamá
✈

Un día mi hijo estaba jugando en el patio y un avión le pasó volando por al lado y aterrizó en el suelo junto a él. Miró a su alrededor pero no vio a nadie. Prosiguió a levantar su avioncito de papel y examinarlo. Adentro encontró un mensaje que decía: "Te amo ♥ - Mamá".

¡No esperes! Toma un trozo de papel ahora y dóblalo para hacer un avioncito. En ambos lados de las alas escribe Aerolíneas Mamá. Adentro incluye un lindo mensaje. ¡Hasta puedes incluir un mensaje invitándolo adentro para jugar al Monopolio!

2. Tuesday: Car Seat Surprises ☺

Every time I pick up my children from school, I leave a sweet surprise for them to find when they get into the car. It is usually a favorite snack because they are ravenous after school. Sometimes I place a cute note or present onto their seats. They never know what it will be ahead of time and it makes the drive home fun.

2. Martes: Sorpresas en el asiento del auto ☺

Todas las veces que recojo a mis hijos del colegio, les dejo una dulce sorpresa para que encuentren cuando suben al auto. Generalmente es un snack favorito ya que al salir de la escuela tienen un hambre voraz. Algunas veces dejo una linda nota o presente en sus asientos. Nunca saben que será, y eso hace que el viaje a casa sea divertido.

3. Wednesday: Spelling Fun

Is it really possible to transform the monotonous task of practicing spelling words to a fun and exciting time spent together? It can be with a little creativity! Purchase a package of dry erase markers and let your child wonder each evening where he/she will be writing the evening's spelling list. Many surfaces of appliances are fully erasable. (Test it out first.) We use the dishwasher, mirrors, windows, and the refrigerator. Your child will be utterly surprised to get to write on these "forbidden" objects. Make sure you explain to only use this type of dry erase marker and to only write on objects Mommy has approved!

3. Miércoles:Ortografía divertida ✐

¿Es realmente posible transformar la monótona tarea de practicar la escritura de palabras en un excitante y divertido rato juntos? ¡Puede serlo con un poco de creatividad! Compra una caja de marcadores de borrado en seco y deja que tu hijo se pregunte cada tarde dónde escribirá la lista de ortografía de hoy. Muchas superficies de electrodomésticos son totalmente borrables. (Primero haz la prueba). Nosotros usamos el lavaplatos, espejos, ventanas y la heladera. Tu hijo estará totalmente sorprendido de poder escribir sobre estos objetos "prohibidos". ¡Asegúrate de explicarle que sólo use este tipo de marcadores de borrado en seco y que sólo escriba sobre objetos que Mamá aprobó!

4. Thursday: Papa Please Get Me the Moon ☆

Read the story *Papa Please Get Me the Moon* and then scoop your child up, (wrapped in a blanket), and sneak out into the night to find the moon together. Your child may light up as brightly as the moon!

5. Friday: Dance Party ♫

Pick some of your child's favorite music. Turn it up real loud and invite your child to have a dance party. Play dates love this type of party as well!

4. Jueves: Papá por favor tráeme la luna ☆

Lee la historia *Papá por favor tráeme la luna* y luego levanta a tu hijo (envuelto en una manta) y salgan afuera a hurtadillas a ver juntos la luna. ¡Tu hijo se iluminará tanto como la luna misma!

5. Viernes: Fiesta de baile ♫

Escoge la música preferida de tu hijo. Ponla a sonar bien alto e invita a tu hijo a bailar. ¡"Jugar a las citas" en este tipo de fiestas también es divertido!

"There are no seven wonders of the world in the eyes of a child. There are seven million."

-Walt Streightiff

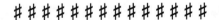

"En los ojos de un niño no existen las siete maravillas del mundo. Existen siete millones".
                                    -Walt Streightiff

############

6. Saturday: Breakfast in Bed ❀

Everyone loves to feel like a prince or princess once in a while. Show your child how special he/she is by bringing him/her breakfast in bed.

7. Sunday: Silly Sandwich ☻

When you make your child's sandwich today make it into a fun shape. We use cookie cutters to make witches hats, pumpkins, and ghosts.

6. Sábado: Desayuno en la cama ❀

A todos nos gusta sentirnos príncipes o princesas de vez en cuando. Muéstrale a tu hijo lo especial que es llevándole el desayuno a la cama.

7. Domingo: Sándwich divertido ☺

Hoy cuando le prepares el sandwich a tu hijo hazlo con una forma divertida. Nosotros usamos moldes de galletas para hacer sombreros de brujas, calabazas y fantasmas.

8. Monday: The Deluxe Bubble Bath ○

Any moment can be made fun and exciting with a fresh perspective. Tell your child that tonight he/she is not getting an ordinary bath but "The Deluxe Bubble Bath". He/She will be eager with anticipation wondering what exactly this "Deluxe Bubble Bath" entails. My children even request it by name all the time now. I simply run a bubble bath filled with warm vanilla sugar scent. I light a vanilla candle (make sure it is out of reach of little ones). I leave a warm fresh towel. When the bath is over I let my child blow out the candle. It is as simple as this and I hear frequently, "Please, please mom can I have a Deluxe Bubble Bath tonight?" I think everyone deserves to be pampered occasionally.

8. Lunes: Baño de espuma de lujo ○

Cualquier momento puede ser divertido y emocionante con una perspectiva fresca. Dile a tu hijo que esta noche no tomará su baño regular sino que tomará un "Baño de espuma de lujo". Se sentirá entusiasmado con anticipación preguntándose en qué consistirá realmente este Baño de espuma de lujo. Mis hijos incluso lo reclaman por nombre todo el tiempo ahora. Yo simplemente les preparo un baño de espuma con un cálido aroma a azúcar de vainilla, enciendo una vela de vainilla (asegúrate de que se encuentre fuera del alcance de los más pequeños) y dejo una toalla limpia tibia. Cuando se termina el baño, los dejo apagar la vela. Es así de simple y frecuentemente escucho: "Mamá, por favor, por favor, puedo tomar un Baño de espuma de lujo hoy?". Creo que todos merecen sentirse mimados ocasionalmente.

"There's nothing that can help you understand your beliefs more than trying to explain them to an inquisitive child."

-Frank A. Clark

"No hay nada que te ayude más a entender tus creencias que intentar explicárselas a un niño curioso".

                        -Frank A. Clark

9. Tuesday: Pumpkin Patch
✂

Go to the pumpkin patch together to select the perfect pumpkins. Parents make sure to decorate one as well. Kids like to see you having fun! Take lots of pictures of the finished products.

10. Wednesday: Lunchbox Notes ✉

When you pack your child's lunch, leave a surprise lunchbox note for him/her to discover at school. It can have a funny joke inside, something your child has done that has made you proud, or how much you enjoyed spending time with him/her.

9. Martes: Huerta de calabazas ✂

Vayan juntos a la huerta de calabazas y escojan las calabazas perfectas para decorar. Padres, asegúrense de decorar una también. ¡A los chicos les encanta verlos divertirse! Saca muchas fotos del producto terminado.

10. Miércoles: Notas en la lonchera ✉

Cuando envuelvas el almuerzo de tu hijo, deja una nota lonchera sorpresa para que la descubra en la escuela. Puede contener dentro una broma divertida, algo que tu hijo haya hecho de lo cual te sientes orgullosa, o cuánto disfrutas el tiempo con él.

11. Thursday: Magic Sleeping Spray

On an evening that your child is having difficulty falling asleep, tell him/her that you have just the thing to put him/her deeply in slumber. Have on hand a bottle of lavender pillow spray. It is a clear spray that they sell at Bath and Body Works. You spray it onto your pillow and the relaxing scent of lavender lulls you to sleep. The key here is that you call it *"magic spray"*. It might even be water in a small spritzer bottle. Spritz the pillow and tell your child to count sheep, cows, giraffes, whatever you fancy.

11. Jueves: Espray mágico para dormir ✪

Si ocurriera que tu hijo tiene dificultades para dormir, dile que tienes justo lo que necesita para hacerlo caer en un sueño profundo. Ten a mano una botella de espray para almohadas de lavanda. Es un espray transparente que venden en Bath and Body Works. Rocía la almohada y el olor relajante de la lavanda lo hará dormir. La clave aquí es que tú lo llamas *Espray mágico*. Incluso puede tratarse de agua en una pequeña botella rociadora. Rocía la almohada y dile a tu hijo que cuente ovejas, vacas, jirafas, lo que se te ocurra.

"Cleaning your house while your kids are still growing up is like shoveling the walk before it stops snowing."

-Phyllis Diller

✿✿✿✿✿✿✿✿
✿✿

"Limpiar la casa mientras tus hijos están aún creciendo es como apalear el camino de entrada antes de que pare de nevar".

-Phyllis Diller

12. Friday: Halloween Decorations

This doesn't have to be expensive. Go to the Dollar Store and let each of your children pick Halloween decorations. Let each child decorate when you get home with his/her own supplies. It does not matter how it looks, what is important is instilling a sense of accomplishment and pride. "I did it!"

Have you hugged your child today?

12. Viernes: Decoraciones de Halloween 😈

Esto no tiene porqué ser costoso. Ve a la Tienda Dólar y deja que cada uno de tus hijos escoja algunas decoraciones para Halloween. Deja que cada niño use sus propios suministros para decorar la casa. No importa cómo se vea; lo que es importante es infundirles un sentimiento de logro y orgullo. "¡Yo lo hice!"

¿Has abrazado a tu hijo hoy?

13. Saturday: Green Eggs and Ham ❣

Read the story *Green Eggs and Ham* aloud to your children and then emerge from the kitchen with some for them to try! It is amazing what a little green food coloring can do!

14. Sunday: Story Time ☺

When you put your children to bed tonight, take turns telling stories. Use your children as the main character in an exciting adventure with castles and dragons! Kids look forward to their turn telling stories too!

13. Sábado: Huevos verdes y jamón ❣

¡Lee en voz alta a tus hijos la historia Huevos verdes y jamón y luego sal de la cocina con algo de ello para que lo prueben! ¡Es sorprendente lo que puede hacer un poco de colorante verde para alimentos!

14. Domingo: Hora del cuento ☺

Esta noche cuando acuestes a tus hijos, cuenten historias por turnos. ¡Usa a tus hijos como el personaje principal en una excitante aventura de castillos y dragones! ¡Los niños esperan ansiosos su turno para contar historias también!

"Don't just tell your child you love him-show him."

-Coley Lamprecht

"No sólo debes decirle a tu hijo que lo amas; debes demostrárselo".

-Coley Lamprecht

15. Monday: Bob for Apples
●

Want your children to eat more fruit?
Try this activity after school and you
will be surprised how eager your
children will be to eat some fruit!
Simply fill a bucket with some water
and apples. Your child must then try to
pick up the apple using *only* his/her
mouth!

16. Tuesday: Collect Leaves Together ☼

Inform your children that you are going
on a hunt. Grab some plastic bags and
head out the door. Once you are
outside, begin your leaf hunt seeing
how many different types of leaves that
you can find.

15. Lunes: Bob por manzanas ●

¿Quieres que tus hijos coman más manzanas? ¡Prueba esta actividad después de la escuela y te sorprenderán las ganas que tendrán tus hijos de comer más frutas! Simplemente llena un balde de agua y manzanas. ¡Tu hijo deberá tratar de tomar la manzana usando *solamente* la boca!

16. Martes: Recoger hojas juntos ☼

Informa a tus hijos que van a salir de caza. Toma algunas bolsas de plástico y dirígete hacia la puerta. Una vez afuera, comienza tu cacería de hojas viendo cuántos tipos diferentes de hojas pueden encontrar.

"The only thing worth stealing is a kiss from a sleeping child."

-Joe

"La única cosa que vale la pena robar es un beso de un niño que duerme".

- Joe

17. Wednesday: Backyard Kickball

Invite your children outside for a game of kickball. Invite the neighborhood children as well. Kids really love when their parents play with them. You are never too old to play!

18. Thursday: Sidewalk Chalk Greeting

Welcome your child home with a greeting on the sidewalk, or driveway. "Great job on your test," or "Excellent touchdown," will boost your child's self- esteem and brighten the day.

17. Miércoles: Kickball en el patio ⭕

Invita a tus hijos a ir afuera a jugar al kickball. Invita también a los hijos de los vecinos. A los chicos les encanta que sus padres jueguen con ellos. ¡Nunca se es demasiado viejo para jugar!

18. Jueves: Bienvenida con tiza en la vereda ✏️

Dale la bienvenida a casa a tu hijo con un mensaje escrito en la vereda o camino de entrada. "Muy buen trabajo en tu prueba!", o "Excelente anotación", elevará la autoestima de tu hijo y alegrará su día.

"Children seldom misquote. In fact, they usually repeat word for word what you shouldn't have said."

-Author unknown

"Los niños raramente citan incorrectamente. De hecho, generalmente repiten palabra por palabra lo que tú no deberías haber dicho".

-Autor desconocido

19. Thursday: Incoming
☺

Buy a package of water balloons and have a war with your child and the neighborhood kids.

20. Friday: Wear a T- Shirt
✍

Using fabric paint you can make a T-shirt that says, "Proud parent of _____." You can also use your computer and buy an appliqué and iron your declaration onto a t-shirt.

Children are treasures!

19. Jueves: Entrante

Compra un paquete de globos de agua y sostén una guerra con tu hijo y los niños del vecino.

20. Viernes: Usa una camiseta ✍

Usando pintura para telas puedes hacer una camiseta que diga: "Orgullosa madre/padre de _____".
También puedes usar tu computadora y comprar un aplique y pegar con la plancha tu declaración en la camiseta.

¡Los niños son tesoros!

Make everyday special.

21. Saturday: The Wall of Recognition

In our house the designated wall is in the kitchen. I hang all my children's artwork, awards, and important papers here. I keep them up until the wall gets full and then I start over again.

♥ ♥ ♥ ♥ ♥ ♥

Haz que cada día sea especial.

21. Sábado: La pared del reconocimiento

En nuestra casa la pared designada está en la cocina. Cuelgo allí todos los trabajos de arte, premios y papeles importantes de mis hijos. Los dejo allí hasta que la pared está llena y entonces vuelvo a comenzar.

♥ ♥ ♥ ♥ ♥ ♥

22. Sunday: The Color Game

X

Use food coloring and a clear container of water. Kids can learn that 2 drops of blue and 2 drops of red will create purple. Red and yellow make orange, etc. Pretend that you are mad scientists making some crazy potion! You can even wear lab coats.

23. Monday: Fireflies ✳

On a warm summer evening grab a jar and poke holes in the lid. Have fun catching fireflies together and setting them free!

22. Domingo: El juego del color

Ⅹ

Usa colorante para alimentos y un contenedor de agua limpio. Los niños pueden aprender que dos gotas de azul y dos gotas de rojo crearán el violeta. El rojo y el amarillo crean el naranja, etc. ¡Finge que son científicos locos preparado una poción loca! Pueden vestir batas de laboratorio.

23. Lunes: Luciérnagas ✳

En una noche tibia de verano, toma una jarra y haz agujeros en la tapa. ¡Diviértanse atrapando luciérnagas y liberándolas!

"We worry about what a child will become tomorrow, yet we forget that he is someone today."
                                    -Stacia Tauscher

"Nos preocupamos sobre quién será este niño mañana, más nos olvidamos de que él es alguien hoy".

-Stacia Tauscher

24. Tuesday: Treasure Hunt
❃

If your child can read, write out simple clues that lead up to a small prize like a favorite candy bar. If your child cannot read yet, draw pictures such as the refrigerator, the bed, and the kitchen table that lead to a hidden treasure!

25. Wednesday: Bathroom Message
✐

When your child gets up in the morning to get ready for school, let him/her discover a secret message. Write with soap on the mirror, "You are a great kid!"

24. Martes: Búsqueda del tesoro ❀

Si tu hijo sabe leer, escribe claves simples que conduzcan a un pequeño premio como un dulce favorito. Si tu hijo aún no sabe leer, dibuja cosas como la heladera, la cama y la mesa de la cocina ¡que conduzcan a un tesoro escondido!

25. Miércoles: Mensaje en el baño ✑

Cuando tu hijo se levante a la mañana para prepararse para ir a la escuela, déjalo descubrir un mensaje secreto. Escribe con jabón en el espejo: "¡Eres un niño magnífico!".

"A child is not a vase to be filled,
but a fire to be lit."
-Rabelais

"Un niño no es un jarrón para llenar, sino un fuego para encender".

-Rabelais

26. Thursday: Picnic
❀

If the weather is nice, have a surprise picnic outdoors. If the weather is cold and rainy, have a cozy picnic inside!

27. Saturday: Scary Movie Night
☆

Pretend it is Halloween evening and rent some scary movies and eat popcorn until it gets very late! We love the movie Gremlins! (This idea is for older kids and not to be used if your child is prone to nightmares.)

26. Jueves: Picnic
❀

Si el tiempo es bueno, prepara un picnic sorpresa afuera. Si el tiempo está frío y lluvioso, ¡prepara un acogedor picnic adentro!

27. Sábado: Noche de película de terror

¡Finge que es noche de Halloween y alquila algunas películas de terror y coman palomitas de maíz hasta muy tarde! ¡A nosotros nos encanta la película Gremlins! (Esta idea es para niños más grandes y no debe usarse si tu hijo es propenso a pesadillas.)

"There is no better exercise for the soul than reaching down and lifting a child close to your heart."
                -Krystyna Elizabeth Bublick

"No hay mejor ejercicio para el alma que agacharse y levantar a un niño cerca del corazón".

-Krystyna Elizabeth Bublick

28. Sunday: Pet Store Fun

Have an outing at the pet store. Play with all the animals for hours. Kids love the pet store!

29. Monday: Play Backyard Football
☼

Are you ready for some football? Take time out of your busy schedule just to play one game!

28. Domingo: Diversión en la tienda de mascotas
☺

Llévalos a pasear a la tienda de mascotas. Jueguen con todos los animales por horas. ¡A los niños les encantan las tiendas de mascotas!

29. Lunes: Jugar al football en el patio
☼

¿Estás lista para algo de football? ¡Tómate algo de tiempo libre de tu ocupada agenda sólo para jugar un partido!

"You can learn many things from children. How much patience you have, for instance."

-Franklin P Jones

"Puedes aprender muchas cosas de los niños. Cuánta paciencia tienes, por ejemplo".

-Franklin P Jones

30.Tuesday: The Smelling Game✿

Blindfold your child and have him/her guess what he/she smells. I use items such as peanut butter, grape jelly, cinnamon, vanilla extract, maple syrup, etc. It is a fun and exciting game for little ones!

31.Wednesday: Under the Pillow ✉

Leave your child a small gift under his/her pillow for no reason at all. It can be a card, a new pencil, or a small chocolate. Something small can generate an amazing smile.

30. Martes: El juego del olfato ❀

Tápale los ojos a tu hijo y haz que adivine lo que huele. Yo uso artículos como mantequilla de maní, gelatina de uva, canela, extracto de vainilla, jarabe de arce, etc. ¡Es un juego divertido y emocionante para los más pequeños!

31. Miércoles: Bajo la almohada ✉

Déjale a tu hijo un pequeño regalo debajo de la almohada sin motivo especial. Puede ser una tarjeta, un lápiz nuevo o un pequeño chocolate. Algo pequeño puede generar una increíble sonrisa.

Actions speak louder than words!

32. Thursday: Car Art

Use window markers or dry erase markers to leave a message on the window your child looks out of.

Pick an idea right now and enjoy the smile it produces!!!

¡Las acciones hablan más que las palabras!

32. Jueves: Arte en el auto

Usa marcadores para ventanas o marcadores de borrado en seco para dejarle un mensaje en la ventanilla del lado de tu hijo.

¡Escoge una idea y disfruta de la sonrisa que la misma produce!

33. Friday: Celestial Ceiling
☆

Hang glow in the dark stars as a surprise for your child. Do not tell him/her that the stars are there and when you shut off the light in the evening the ceiling will awe him!

34. Saturday: Write a Story Starring Your Child
✍

Write an exciting adventure starring your child. He/She will have fun making the illustrations with you for the story. In the end you will have "our book" that you made together to snuggle up and read together.

33. Viernes: Cielorraso celestial ☆

Cuelga del cielo raso estrellas fosforescentes que brillan en la oscuridad como sorpresa para tu hijo. No le digas que las estrellas están allí y cuando apagues las luces a la noche, ¡el cielo raso lo sorprenderá!

34. Sábado: Escribe una historia en la que tu hijo sea la estrella ✍

Escribe una apasionante historia en la que tu hijo sea el protagonista. Se divertirá mucho haciendo las ilustraciones para la historia contigo. Al final tendrán "nuestro libro" que escribieron juntos para acurrucarse y leer juntos.

35. Sunday: Expedition

☞

Go exploring in the woods. Chart uncharted territory.

36. Monday: Balloons

♥

For no reason at all bring your child home a bouquet of balloons. Tell him/her how lucky you are to have him/her in your life.

35. Domingo: Expedición

Salgan a explorar el bosque. Tracen el mapa del territorio inexplorado.

36. Lunes: Globos

Sin ningún motivo especial, tráele a tu hijo a casa un ramo de globos. Dile lo afortunada que eres de tenerlo en tu vida.

"A child can ask questions that a wise man cannot answer."

-Author Unknown

"Un niño puede hacer preguntas que un hombre sabio no puede responder".

– Autor desconocido

37. Tuesday: Surprise Dinner
☺

Surprise your child by taking him/her out to eat at a Japanese Steakhouse. Children usually love to watch the chef put on a show as the meal is being cooked!

38. Wednesday: The Touching Game
✌

This idea is similar to the smelling game. Get a pillowcase and fill it with various items for your child to reach in and guess. Choose lots of different textures to make things interesting!

37. Martes: Cena sorpresa
☺

Sorprende a tu hijo llevándolo a cenar a un restaurante japonés. ¡A los niños por lo general les encanta ver cómo el chef hace un show mientras cocina la comida!

38. Miércoles: El juego del tacto ✌

Esta idea es similar al juego del olfato. Llena una funda de almohada con varios artículos y que tu hijo los vaya sacando y adivine. ¡Escoge muchas texturas diferentes para que sea interesante!

39. Thursday: Dandelion

Pick a white dandelion and present it to your child with instructions to blow and make a wish.

40. Friday: Cheesy Message

Deliver your child a message written with the spray cheese. Use crackers and spell out the letters of your child's name. You can also write "I ♡ U," draw shapes, or even silly pictures.

39. Jueves: Diente de león
❀

Escoge un diente de león blanco y dáselo a tu hijo con instrucciones de que sople y pida un deseo.

40. Viernes: Mensaje de queso ✏

Entrégale a tu hijo un mensaje escrito con el queso espray. Usa galletas y escribe las letras del nombre de tu hijo. ¡También puedes escribir "TE ♥AMO", dibujar formas o dibujos graciosos!

"Children need love, especially when they do not deserve it."
                                        -Harold Hulbert

"Los niños necesitan amor, especialmente cuando no se lo merecen".

– Harold Hulbert

41. Saturday: Indoor Construction Site
✓

Saturday is the perfect day to set up your own construction zone. Lay a large plastic trash bag on the floor to enable easy cleanup. Use a package of chocolate cake for "the dirt." Grab a few toy construction vehicles and you are ready to dig!

42. Sunday: Candy Wall ☺

Surprise your child with an entire wall covered with his/her favorite treat. I taped Kit-Kats all over our wall to surprise my son. You can use fruit roll-ups or healthy treats if you prefer. The smile when he came home was priceless!

41. Sábado: Sitio de construcción en el interior
✓

El sábado es el día perfecto para armar tu propia zona de construcción. Extiende una gran bolsa de residuos de plástico sobre el piso para facilitar la limpieza. Usa un paquete de torta de chocolate para "la basura". Toma unos cuantos vehículos de construcción de juguete ¡y están listos para cavar!

42. Domingo: Pared de dulces ☺

Sorprende a tu hijo con una pared entera cubierta con su golosina favorita. Yo pegué kit-kats por toda la pared para sorprender a mi hijo. Puedes usar rollitos de frutas golosinas saludables si lo prefieres. ¡La sonrisa cuando regresó a casa no tuvo precio!

"Children are one third of our population and all of our future."
-Select Panel for the Promotion of Child Health,1981

"Los niños son la tercera parte de nuestra población y todo nuestro futuro".
- Panel de selección para la promoción de la Salud Infantil, 1981.

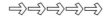

43. Monday: Mirror Mirror on the Wall

❀

Write a message on the mirror using dry erase markers or soap. First draw a huge heart so that when your child looks in the mirror his/her face will appear in the heart. On the top of the mirror write the message, "Mirror Mirror on the wall, who is the most loved of all?" On the bottom write: "You are!"

Give a great big hug! ☺

43. Lunes: Espejo espejito

❀

Escribe un mensaje en el espejo usando marcadores de borrado en seco o con jabón. Primero dibuja un gran corazón de modo que cuando tu hijo se mire en el espejo su cara aparezca en el corazón. Arriba del espejo escribe el mensaje, Espejo espejito, ¿quién es el más amado de todos? Abajo escribe: "¡Eres tú!".

¡Dale un gran abrazo! ☺

44. Tuesday: Happy Kid Day
☺

What better day to celebrate than an ordinary Tuesday? Make this one extra special by baking a cake together to celebrate "Happy Kid Day." Sing together and blow out the candles!

45. Wednesday: Puzzle Time
☺

Do a puzzle with your child today. It just takes a few minutes to show him/her you care!

44. Martes: Feliz día del niño
☺

¿Qué mejor día para celebrar que un martes ordinario? Haz que este sea extra especial horneando juntos una torta para celebrar un feliz Día del Niño. ¡Canten juntos y apaguen las velitas!

45. Miércoles: Hora de rompecabezas ☺

Arma un rompecabezas con tu hijo hoy. ¡Sólo te llevará unos minutos demostrarle que él te importa!

"Children are the living messages
we send to a time we will not see."
                                    -John W. Whitehead

☆☆☆☆☆☆☆

"Los niños son los mensajes vivientes que enviamos a un tiempo que no veremos".

- John W. Whitehead

46. Thursday: Deluxe Milkshakes

☺

Today make milkshakes and be sure to top them with whip-cream and a cherry! Presentation and attitude are everything. Anything can be transformed with the right words and lots of love. Think lima beans are boring? Bet you haven't tried Mom's magic beans that make you invisible. Oh no, where has little Johnny gone?

46. Jueves: Milkshakes de lujo ☺

¡Hoy prepara milkshakes y asegúrate de cubrirlos con crema y una cereza! La presentación y la actitud lo son todo. Cualquier cosa puede transformarse con las palabras adecuadas y mucho amor. ¿Crees que los frijoles son aburridos? Apuesto a que no has probado los frijoles mágicos de mamá que te hacen invisible. Oh, no, ¿adónde se fue el pequeño Johnny?

♥ ♥ ♥

47.Friday: The Tasting Game
☺

This is another variation of the game where the child is blindfolded and the parent collects items for the child to correctly guess. Pick some of your child's favorite treats to taste. Use different temperatures and textures to make a fun learning experience. Ice cream, watermelon, chocolate pudding, Jell-O, are great items to try. Have fun!

◆ ◆ ◆ ◆

47. Viernes: El juego del gusto

Esta es otra variación del juego en el cual el niño tiene los ojos cubiertos y la madre le va dando artículos para que el niño adivine qué es. Escoge algunas de las golosinas preferidas de tu hijo para que las pruebe. Usa distintas temperaturas y texturas para que la experiencia sea divertida e instructiva. Helado, melón, budín de chocolate, gelatina, son muy buenos para probar. ¡Que se diviertan!

◆ ◆ ◆ ◆

"What is a home without children? Quiet."

-Henny Youngman

☺☺☺☺☺

"¿Cómo es un hogar sin niños? Silencioso".

-Henny Youngman

☺☺☺☺☺

48. Saturday: Slapjack

Tonight play a game of slapjack with your child. Use an ordinary deck of cards and flip them over one by one until you see a Jack. The first person to slap the Jack with their hand will win the stack of cards. Whoever wins the most cards wins the game!

49. Sunday: More Spelling Fun

Clear off the kitchen table. Cover a portion of it in shaving cream. Let your child trace spelling words in the cream! Substitute whip cream if a shaving cream allergy exists!

48. Sábado: Slapjack

Hoy juega al slapjack con tu hijo. Usa un mazo de cartas comunes y da vueltas una por una hasta que veas una sota. La primera persona en golpear la sota con la mano ganará la pila de cartas. ¡El que gane más cartas gana el juego!

49. Domingo: Más ortografía divertida ✐

Limpia la mesa de la cocina. Cubre una parte de la misma con crema de afeitar. ¡Deja que tu hijo escriba palabras en la crema! ¡Reemplaza la crema de afeitar por crema para batir si existe alergia!

50. Monday: Roast Marshmallows
♥

One evening we lost power and the kids were scared. I decided we should roast mini-marshmallows over our campfire (a small candle). We told stories and everyone forgot about being scared . We used extra long toothpicks for our marshmallows. The kids had so much fun they were disappointed when the electricity was restored. Now they request our mini-campfire all the time. Make sure you use strict supervision and remind your children never to play with fire.

We have the power to create lasting memories for our children. Try an idea now!

50. Lunes: Marshmallows asado ♥

Una noche se cortó la luz y los niños estaban asustados. Decidí que haríamos mini-marshmallows sobre nuestra fogata (una pequeña vela). Contamos historias y todos se olvidaron del miedo. Usamos escarbadientes extra largos para nuestros marshmallows. Los niños se divirtieron tanto que se sintieron decepcionados cuando volvió la luz. Ahora piden nuestra mini fogata todo el tiempo. Asegúrate de supervisar estrictamente y recuérdale a tus hijos no jugar nunca con fuego.

Tenemos el poder de crear recuerdos imborrables para nuestros hijos. ¡Prueba una de las ideas ahora!

"Anyone who thinks the art of conversation is dead ought to tell a child to go to bed."

-Robert Gallagher

"Cualquiera que piense que el arte de la conversación ha muerto, dígale a un niño que se vaya a la cama".

-Robert Gallagher

51. Tuesday: Bath Fizz

Sometimes kids are reluctant to stop playing and take a bath. Now there are all kinds of products that make bath time exceptionally fun. There are tablets that you can plop in that fizz and make the water turn wonderful colors. Check your drugstore!

52. Wednesday: Build a Fort

Build a fort using pillows, sofa cushions, and blankets . Make it large enough for you to fit inside with your child. You can even pretend there are monsters outside.

51. Martes: Baño de burbujas ☺

A veces los niños no quieren dejar de jugar para irse a bañar. Ahora existen todo tipo de productos para hacer que la hora del baño sea excepcionalmente divertida. Hay tabletas que hacen burbujas de colores maravillosos en el agua. ¡Consulta en tu farmacia!

52. Miércoles: ¡Construye un fuerte ♡

Construyan un fuerte usando almohadas, almohadones del sofá y sábanas. Háganlo lo suficientemente grande como para que tú y tu hijo puedan entrar. Hasta pueden fingir que hay monstruos afuera.

53.Thursday: Play Restaurant
☺

Children like to pretend to be the chef of his/her own restaurant. Order something simple from the kitchen and let your child prepare it for you!

54. Friday: Flying Flapjacks
✈

Watch the *Father Bear's Famous Flying Flapjack* episode of *Little Bear's Family Tales* together. When you are finished make your own batch of flying flapjacks together!

53. Jueves: Jueguen al restaurante

A los niños les gusta fingir que son chef de su propio restaurante. ¡Ordena algo sencillo de la cocina y deja que tu hijo te lo prepare!

54. Viernes: Flapjack voladores ✈

Miren juntos el episodio *Famoso Flapjack Volador de Papa Oso* de la *Historias de Familia Osito*.
¡Cuando hayan terminado hagan sus propios flapjack voladores!

"Any kid will run any errand for you if you ask at bedtime."
                                    -Red Skelton

✿✿✿✿✿✿✿✿✿✿✿✿✿✿✿✿✿✿✿✿✿✿
✿✿✿✿✿✿✿

"Cualquier niño te hará cualquier mandado si se lo pides a la hora de ir a la cama".

-Red Skelton

✿✿✿✿✿✿✿✿✿✿✿✿✿✿✿✿✿✿✿
✿✿✿✿✿✿

55. Saturday: Play School

Pretend to be the student and your child can be the teacher. Let your child teach you something he/she has learned this week at school. It will be fun for your child to get to boss you around for a change!

56. Sunday: Take a Walk

After dinner tonight take a walk with your child. Listen to the sounds of nature. Count how many birds or squirrels you can find.

55. Sábado: Jueguen a la escuela 🎬

Finge ser el estudiante y tu hijo puede ser el maestro. Deja que tu hijo te enseñe algo que haya aprendido en la escuela esa semana. ¡A tu hijo le resultará divertido mandarte un poco!

56. Domingo: Salgan a caminar 🏘️

Esta noche después de cenar, sal a caminar con tu hijo. Escuchen el sonido de la naturaleza. Cuenten cuántos pájaros o ardillas pueden ver.

"Memory is a child walking along the seashore. You never can tell what small pebble it will pick up and store away among its treasured things."

-Pierce Harris

"Los recuerdos son como un niño caminando por la playa. Nunca sabes qué piedrita recogerá y guardará entre sus tesoros".

-Pierce Harris

57. Monday: Game Night♛

Start a family game night! After dinner tonight play a game of UNO, Scrabble, Monopoly, or Don't Break the Ice!

58. Tuesday: More Spelling Fun ✎

When you practice spelling words today do them outside on the sidewalk or on the driveway. Using sidewalk chalk will transform what might have been a mundane homework assignment!

57. Lunes: Noche de juegos🏆

¡Comienza una noche de juego familiar! ¡Esta noche después de la cena jueguen un juego de UNO, Scrabble, monopolio o No Rompas el Hielo!

58. Martes: Más ortografía divertida 📋

Cuando hoy practiquen escribir palabras, háganlo afuera en la vereda o camino de entrada. ¡El uso de tiza para la vereda transformará lo que podría haber sido una tarea rutinaria!

"Children are travelers in an unknown land and we are their guides."

-Robert Fisher

"Los niños son viajeros en una tierra desconocida y nosotros somos sus guías".

-Robert Fisher

59. Wednesday: Bake Cookies

This is a classic idea that is sure to generate warm fuzzies for a lifetime. Your child will have fun being your assistant chef, measuring, cracking eggs, stirring, and plopping cookie dough on the pan (perhaps in silly shapes or the letters of your child's name). Be creative, have a blast, and enjoy the scent of freshly baked cookies wafting through your home.

♥ ♥ ♥ ♥ ♥ ♥

59. Miércoles: A hornear galletas

Esta es una idea clásica que seguramente generará cálidos recuerdos de por vida. Tu hijo se divertirá siendo tu chef asistente, midiendo, rompiendo huevos, revolviendo y colocando la masa de galletas en la cacerola (quizás en moldes divertidos o las letras del nombre de tu hijo). Se creativa, diviértete y disfruta del aroma de galletas recién horneadas que recorre tu casa.

❤ ❤ ❤ ❤ ❤ ❤

60. Thursday: Hide n Seek

After school today clear 20 minutes from your schedule to play a classic game of Hide 'N' Seek. "Ready or not here I come!"

61. Friday: Album Time

Tonight snuggle up and look at old family albums together. Ask your child to share some of his/her favorite memories!

60. Jueves: Escondidas

Hoy después de la escuela toma 20 minutos de tu agenda para jugar al clásico juego de las escondidas. "¡Listo o no allá voy!".

61. Viernes: Hora de álbum

Hoy acurrúquense juntos y pónganse a mirar viejos álbumes familiares. ¡Pídele a tu hijo que comparta algunos de sus recuerdos favoritos!

"Children are our most valuable
resource."
-Herbert Hoover

"Los niños son nuestros recursos más valiosos".

-Herbert Hoover

62. Saturday: Obstacle Course ᛉ

Little boys especially love this idea! Take a pile of sofa cushions or bed pillows and pile them onto the floor so that they can be jumped onto. Plan out a course that involves rescuing a beloved stuffed animal or baby doll. Use blankets to create lava or water. You can even use a stopwatch to record the quickest time!

63. Sunday: Puppet Show 🗩

Stage a small puppet show with your child. You can use the puppets to role-play to work out solutions to problems that may be bothering him/her.

❤ ❤ ❤ ❤ ❤ ❤

62. Sábado: Curso de obstáculos ϒ

¡Especialmente a los nenes chiquitos les encanta esta idea! Toma una pila de almohadones de sofá o de cama y apílalos en el piso de modo que puedan saltar sobre ellos. Planea un curso para rescatar a un querido animal de peluche o muñeca. Usa sábanas para crear lava o agua. ¡Hasta puedes usar un cronómetro para registrar el tiempo más corto!

63. Domingo: Show de títeres

Arma un pequeño show de títeres con tu hijo. Puedes usar los títeres para que actúen y resuelvan ciertos problemas que pueden estar molestándole.

❤ ❤ ❤ ❤ ❤ ❤

64. Monday: Vocabulary Charades 🎬

Use your child's vocabulary list to play a game of charades. Write the words down onto tiny slips of paper and have your child pick them out of a hat to act out.

65. Tuesday: Favorite Color Day ❤

Celebrate your child's favorite color throughout an entire day! For example, if his/her favorite color is pink, serve some pink milk with pink flowers. Write little notes that state what a great kid he/she is on pink paper. Wear pink clothes and cook pink pancakes for dinner!

64. Lunes: Charadas de vocabulario ▐

Usa la lista de vocabulario de tu hijo para jugar un juego de charadas. Escribe las palabras en pequeños trozos de papel y haz que tu hijo las vaya sacando de un sombrero y las actúe.

65. Martes: Día del color favorito ♥

¡Celebra el color favorito de tu hijo a lo largo de todo el día! Por ejemplo, si su color favorito es el rosa, sirve leche rosa con flores rosas. Escribe notitas que afirmen qué gran niño él es en papel rosa. ¡Usa ropa rosa y cocina panqueques rosas para la cena!

"A mother's children are portraits of herself."

-Anonymous

"Los niños son retratos de sus madres".

-Anónimo

66. Wednesday: Color Together 🖼

Enjoy a quiet evening coloring together. Try and get as absorbed into the drawing as you would have when you were younger. Surprise your child by framing the pictures and hanging them side-by-side.

67. Thursday: Hot Cocoa 🌙

Share a cup of hot cocoa with your child while reading a couple of stories together. If you feel ambitious, construct a tent and read the stories by flashlight.

❤ ❤ ❤ ❤

66. Miércoles: A colorear juntos 🖼

Disfruta de una tarde tranquila coloreando juntos. Intenta sentirte tan absorbida en el dibujo como cuando eras niña. Sorprende a tu hijo poniéndole un marco a los dibujos y colgándolos uno al lado del otro.

67. Jueves: Chocolate caliente 🌙

Comparte una taza de chocolate caliente con tu hijo mientras leen juntos algunas historias. Si te sientes ambiciosa, construyan una carpa y lean las historias con linterna.

❤ ❤ ❤ ❤

137

"Never fear spoiling children by making them too happy. Happiness is the atmosphere in which all good affections grow."
                    -Thomas Bray

❋ ❋ ❋ ❋ ❋ ❋ ❋ ❋ ❋ ❋ ❋

"Nunca teman malcriar a los niños haciéndolos sentir demasiado felices. La felicidad es la atmósfera en la que crecen todos los buenos afectos".

-Thomas Bray

68. Friday: The Special Journal

Start keeping a journal that you share with your child. He/She can write notes to you in it about any feelings, thoughts, or problems that he/she may have. Sometimes it is easier to write about things than it is to talk about them. You can write back offering your support and encouragement. You may wish to include jokes, reasons you are proud of him/her, and things you are excited about.

♥ ♥ ♥ ♥

68. Viernes: El periódico especial

Comienza a guardar un periódico que compartas con tu hijo. Él puede escribirte notas allí acerca de cualquier sentimiento, pensamiento o problema que tenga. A veces resulta más fácil escribir las cosas en vez de hablar sobre ellas. Tú puedes contestarle ofreciéndole tu apoyo y aliento. Puedes incluir bromas, razones por las que te sientes orgullosa de él y cosas sobre las que estás entusiasmada.

♥ ♥ ♥ ♥

69. Saturday: Family Award Dinner 🏆

Tonight you may want to hold a special family awards dinner. Be sure to give out invitations to each person attending. Cook up a favorite dish of every family member. Play music and hand out award certificates. Use the awards to remind each person that he/she is a valuable member of the family!

70. Sunday: Indoor Basketball ●

Use crumpled up balls of paper and waste paper baskets to play a 20-minute game of basketball. You can use masking tape to make shooting lines.

69. Sábado: Cena de premios familiar 🏆

Esta noche puedes preparar una cena de premios familiar. Asegúrate de entregar invitaciones a todas las personas que asistirán. Prepara un plato favorito de todos los miembros de la familia. Pon música y reparte certificados de premios. ¡Usa los premios para recordarle a cada persona que él/ella es un miembro valioso de la familia!

70. Domingo: Básquet en el interior ●

Usa pelotas hechas de papel arrugado y cestos para jugar un juego de básquet de 20 minutos. Puedes usar cinta aisladora para marcar las líneas de tiro.

"All children are artists. The problem is how to remain an artist once he grows up."

-Pablo Picasso

"Todos los niños son artistas. El problema es cómo permanecer siendo un artista una vez que crece".

-Pablo Picasso

WINTER IDEAS

71. Monday: Color the Snow ❄

Use an empty spray container and fill it with water and food coloring. You and your child can make pretty pictures in the snow. You may even surprise your child with an "I love you" written in the snow!

72. Tuesday: Build a Snow Family 👪

Make a snowman to represent each member of your family. Let your child decorate them! Take lots of pictures!

IDEAS PARA EL INVIERNO

71. Lunes: Colorear la nieve
❄

Usa un rociador vacío y llénalo con agua y colorante para alimentos. Tú y tu hijo pueden hacer lindos dibujos en la nieve. ¡Sorprende a tu hijo con un "Te amo" escrito en la nieve!

72. Martes: Construye una familia de nieve 👪

Hagan un muñeco de nieve que represente a cada miembro de tu familia. ¡Deja que tu hijo lo decore! ¡Saca muchas fotos!

73. Wednesday: The Foot Bath

Fill a large bowl with warm water. Let your child soak his feet inside for several minutes. Gently dry them with a warm towel, apply lotion, don warm fuzzy socks! You would be amazed at how relaxing this can be.

74. Thursday: Sticky Surprise

Secretly hide a sticky note inside one of your child's notebooks the evening before school. Your child will be so surprised to find the note the next day. It is sure to elicit a smile!

73. Miércoles: El baño de pies 👣

Llena un gran bol con agua tibia. Deja que tu hijo se remoje allí los pies por varios minutos. ¡Sécalos suavemente con una toalla tibia, aplícales loción y calcetines tibios! Te sorprenderás de lo relajante que esto puede resultar.

74. Jueves: Sorpresa adhesiva 📚

Esconde en secreto una nota adhesiva dentro de uno de los cuadernos de tu hijo la noche anterior antes de la escuela. Tu hijo se sorprenderá mucho al encontrar la nota al día siguiente. ¡Seguro lo hará sonreír!

"Bitter are the tears of a child:
Sweeten them.
Deep are the thoughts of a child:
Quiet them.
Sharp is the grief of a child: Take
it from him.
Soft is the heart of a child: Do not
harden it."
-Pamela Glenconner

"Amargas son las lágrimas
de un niño:
Endúlzalas.
Profundos son los pensamientos
de un niño:
Acállalos.
Aguda es la pena de un niño:
Quítasela
Blando es el corazón de un niño:
No lo endurezcas".
-Pamela Glenconner

75. Friday: Runaway Together

Read *The Runaway Bunny* together. Discuss the depth of a parent's love for their child. Tell him/her how lucky you are! Then pack a small backpack and "runaway" together. Bring trail mix and drinks. Flip a coin at each intersection. Heads could mean to turn right and tails could mean to turn left. See where you end up! It's an adventure. Simply enjoy being together, walking, and the beauty of nature.

♥ ♥ ♥ ♥ ♥ ♥ ♥

75. Viernes: Escape juntos

Lean juntos *El Conejito Fugitivo*. Discutan la profundidad del amor de un padre por su hijo. ¡Dile lo afortunada que eres de tenerlo! Luego empaquen una pequeña mochila y "escapen" juntos. Lleva rastro para el camino y bebidas. Lanza una moneda al aire en cada intersección. Cara puede significar doblar a la derecha y seca doblar a la izquierda. ¡Vean adónde terminarán! Es una aventura. Simplemente disfruten de estar juntos, caminando y de la belleza de la naturaleza.

❤❤❤❤❤❤

76. Saturday: Play Movie Theater ☐

Let your kids "sell" tickets to one of the family's favorite home videos. Use fake money and pretend ticket stubs. You can make popcorn and snuggle up together. One of our favorite movies is *The Incredibles*.

77. Sunday: Pillowcase Notes

Leave a sweet note under your child's pillow for him/her to find upon settling in.

♥ ♥ ♥ ♥ ♥

76. Sábado: Función de Movie Theater ❑

Deja que tus hijos "vendan" boletos de entrada para uno de los videos favoritos de la familia. Usa dinero de juguete y talones de boletos. Puedes preparar palomitas de maíz y sentarse juntos. Uno de nuestros films preferidos es *Los Increíbles*.

77. Domingo: Notas debajo de la almohada ✍

Deja una dulce nota debajo de la almohada de tu hijo para que la encuentre al acostarse.

155

"All kids are gifted; some just open their packages earlier than others."

-Michael Carr

"Todos los niños tienen dones; algunos simplemente lo descubren antes que otros".

-Michael Carr

78. Monday: Swing 🛝

Go to the playground with your child today. Vow to participate for at least 20 minutes. Swing with your child. Play hide 'N' seek or tag if you are able. Not only will you be getting great exercise your child will light up before your eyes!

79. Tuesday: Signs ✹

Hang Banners or signs around the house for your child to find. Have one stating that he/she is the greatest kid!

78. Lunes: Hamaca ⋀

Ve al parque con tu hijo hoy. Promete participar al menos 20 minutos. Hamácate con tu hijo. Juega a las escondidas si puedes. ¡No sólo harás muy buen ejercicio, sino que tu hijo se iluminará frente a tus ojos!

79. Martes: Carteles ✹

Cuelga pancartas o carteles por toda la casa para que tu hijo encuentre. ¡Que uno de ellos diga que tu hijo es el mejor niño!

"The question for the child is not
"Do I want to be good?" but
"Whom do I want to be like?"
                    -Bruno Bettelheim

"La cuestión para el niño no es "¿Quiero ser bueno?" sino "¿A quién quiero parecerme?".

-Bruno Bettelheim

80. Wednesday: Magic Carpet✯

If there are 2 adults able to put your child to bed this evening, then carry him/her off to dreamland with a magic carpet ride. Simply have each adult hold an end of the carpet with the child sitting on top of a small rug or blanket.

81. Thursday: Back Scratcher

Tonight gently scratch your child's back until he/she falls asleep. You can even draw pictures and tell a story. To reinforce the alphabet you can trace the letters and have your child guess them!

80. Miércoles: Alfombra mágica ✯

Si hay dos adultos que pueden llevar a tu hijo a la cama esta noche, entonces llévalo a la tierra de los sueños montado en una alfombra mágica. Simplemente que cada adulto sostenga un extremo de la alfombra y que el niño se siente encima de una pequeña alfombra o sábana.

81. Jueves: Rascada de espalda ⇝

Esta noche rasca suavemente la espalda de tu hijo hasta que se quede dormido. Incluso puedes dibujar y contra cuentos. ¡Para reforzar el abecedario puedes trazar las letras y hacer que tu hijo las adivine!

82. Friday: Art Outing

Visit an art museum together. Find a piece that interests your child. Research the artist together.

83. Saturday: Fantasy Questions ?

At bedtime tonight lie next to your child in the dark and ask open-ended questions. If you found a thousand dollars what would you do with it? If you could be an animal, what kind would you be and why? What do you suppose a cat thinks about all day?

82. Viernes: Salida de arte

Visiten un museo de arte juntos. Encuentra alguna pieza que le interese a tu hijo. Investiguen al artista juntos.

83. Sábado: Preguntas de fantasía ?

A la hora de ir a la cama esta noche recuéstate al lado de tu hijo en la oscuridad y formula preguntas de final abierto. Si encontraras un millón de dólares, ¿qué harías con ellos? Si pudieras ser un animal, ¿cuál elegirías ser y por qué? ¿En que te parece que pensará un gato durante todo el día?

"Of all nature's gifts to the human race, what is sweeter to a man than his children?"
                    -Marcus Tullius Cicero

"De todos los regalos de la naturaleza a la raza humana, ¿cuál es más dulce que sus hijos?".
                    -Marcus Tullius Cicero

84. Sunday: Zoo

Visit the zoo together. Sit by his/her favorite animals and draw them together.

85. Monday: Blanket Swing

If there are 2 adults available have each hold the end of a sturdy blanket. Have your child lie in the middle and close the blanket around him/her. Gently swing your child back and forth. He/She will *NEVER* want to stop!

84. Domingo: Zoológico ✒

Visiten juntos el zoológico. Siéntense cerca de sus animales favoritos y dibújenlos juntos.

85. Lunes: Hamaca de sábanas /⛺\

Si hay dos adultos disponibles, que cada uno sostenga un extremo de una sábana fuerte. Que tu hijo se siente en el medio y cierra la sábana alrededor de él. Hamaca suavemente al niño hacia adelante y hacia atrás. ¡No querrá que se detengan *NUNCA*!

86. Tuesday: Start a Collection 🥟

Find out what interests your child and begin a collection today. It could be leaves or dried up bugs or even pencils!

87. Wednesday: Piggyback Rides

Give your child a piggyback ride to and from the car today. Give rides to dinner, to the bathtub, and to bed tonight. Be prepared for giggles and squeals of delight!

86. Martes: Comienza una colección 📖

Descubre qué le interesa a tu hijo y comienza una colección hoy. ¡Puede tratarse de hojas o bichos secos o hasta lápices!

87. Miércoles: Paseos a cuestas

Lleva a tu hijo a caballito hacia y desde el auto hoy. Llévalo a caballito a cenar, a la bañera y a la cama esta noche. ¡Prepárate para risitas y grititos de placer!

"Don't worry that children never listen to you. Worry that they are always watching you."

-Robert Fulghum

"No te preocupes acerca de que los niños nunca te escuchan. Preocúpate acerca de que están siempre mirándote".

-Robert Fulghum

88. Thursday: Disguises

Dress up together in disguises and walk around your neighborhood together. See if anyone discovers you.

89. Friday: Fishing

Go fishing together today! See if you catch anything. Hopefully you will snag wonderful conversation!

90. Saturday: Science

Visit the science museum together. Find a topic that interests your child and research it together!

88. Jueves: Disfraces

Vístete con disfraces junto a tu hijo y caminen por el vecindario juntos. Vean si alguien los reconoce.

89. Viernes: Pesca

¡Salgan de pesca hoy! A ver si pescan algo. ¡Probablemente establezcan una linda charla!

90. Sábado: Ciencia

Visiten juntos el museo de ciencia. ¡Encuentra un tema que le interese a tu hijo e investiguen juntos!

91. Sunday: Queen/King for the Day 🏛

Roll out the red carpet or red construction paper today. Declare your child queen or king for the day. Be sure to give him/her a crown from Burger King or you can make one out of paper. Let your child be the boss. He/She can decide what you will play today and what you will eat for each meal. Smile and reply, "Yes, Your Majesty!"

92. Monday: Toasty Beginnings 💜

On a chilly morning, throw your children's clothes in the dryer for a few minutes so they are nice and toasty when put on!

91. Domingo: Rey/reina por un día 🏛

Estira la alfombra roja o papel de construcción rojo hoy. Declara a tu hijo rey o reina por el día. Asegúrate darle una corona de Burger King o puedes hacer una de papel. Deja que tu hijo sea el jefe. Él podrá decidir a qué jugar hoy y qué comerán para cada comida. Sonríe y responde: "¡Sí, su Majestad!"

92. Lunes: Comienzo calentito 💜

En una mañana fría, pon las ropas de tus hijos en la secadora por unos minutos. ¡Estarán calentitas y agradables cuando se las pongan!

177

"There are only two lasting bequests we can hope to give our children. One of these is roots; the other, wings."

-Cecilia Lasbury

"Existen sólo dos legados duraderos que podemos esperar darle a nuestros hijos. Uno de ellos es raíces; el otro, alas".
-Cecilia Lasbury

93. Tuesday: Surprise Coupon 🍽

Reward your child for working extra hard on an assignment by placing a special coupon under his/her dinner plate this evening. It could be redeemable for a half-hour extension on bedtime, a movie for two, or whatever else your little one might adore!

94. Wednesday: Bake a Cake 👄

Use a cake as a greeting card this evening. Create a sweet message that is edible too. You may write, "Great job on your test," "You are brilliant," or "You are the best big brother" on the cake.

93. Martes: Cupón de sorpresa 🍽

Premia a tu hijo por trabajar muy duro en una tarea colocando un cupón especial bajo su plato de la cena esta noche. ¡Puede equivaler a media hora de extensión de la hora de irse a acostar, una película o dos, o cualquier otra cosa que tu pequeño adore!

94. Miércoles: Hornea una torta 👄

Usa una torta como tarjeta de bienvenida esta tarde. Crea un dulce mensaje que sea legible también. Puedes escribir: "Gran trabajo en tu examen", "Eres brillante", o "Eres el mejor hermano mayor", sobre la torta.

95. Thursday: Sweet Awakenings

Wake your child up this morning by playing his/her favorite song!

96. Friday: Labor of Love

Transform your child's chores today. Does your child feed the family pet? Leave a note by the pet dish saying how grateful you are for the wonderful job he/she does caring for the pet. Tape an "I love you" note to the garbage can if your child takes out the trash! People who are appreciated feel valued and loved!

95. Jueves: Dulce despertar

¡Despierta a tu hijo esta mañana cantándole su canción preferida!

96. Viernes: Labor de amor

Transforma las tareas de tu hijo hoy. ¿Tu hijo alimenta a la mascota de la familia? Deja una nota al lado del plato de la mascota expresándole lo agradecida que estás por el maravilloso trabajo que él hace ocupándose de la mascota. Pega una nota que diga "Te amo" en el bote de la basura si tu hijo se ocupa de sacar la basura! ¡Las personas que se son apreciadas se sienten valiosas y amadas!

"A child's life is like a piece of paper on which everyone who passes by leaves an impression."
                    -Chinese Proverb

☐

"La vida de un niño es como un papel en el cual cada uno que pasa deja una impresión".

-Proverbio chino

☐

97. Saturday: Mail Run 📬

A trip to the mailbox can be a very exciting event for a child (especially when that child has a piece of mail addressed directly to him!) You can even send a care package filled with play dough so the two of you can play together!

98. Sunday: The Wonka Evening ☺

Tonight snuggle up and watch *Willie Wonka and The Chocolate Factory*. As a surprise, place a "Wonka Bar" on your child's pillow. Prepare the chocolate bar in advance by making your own label and inserting a *golden* ticket. Guaranteed to produce a smile!

97. Sábado: Corrida al buzón 🖂

Un viaje hasta el buzón puede ser un evento muy excitante para un niño (¡especialmente cuando ese niño tiene una carta dirigida a él!) ¡Hasta puedes enviar un paquete de plastilina para que jueguen juntos!

98. Domingo: La noche Wonka ☺

Esta noche siéntense juntos y miren *Willie Wonka y la fábrica de chocolate*. Como sorpresa, coloca una "barra de Wonka" en la almohada de tu hijo. Prepara la barra de chocolate con anticipación haciendo tu propia etiqueta e insertando un boleto dorado. ¡Sonrisa garantizada!

99. Monday: Scream for Ice Cream 🐱

When everyone least expects it, declare an ice cream run! Everyone pile into the car and get their favorite treat!

100. Tuesday: Door Knob Recognition 🐱

Hang a sign on your child's doorknob recognizing a good deed.

Remember to give children smiles and choices!

99. Lunes: Gritos por un helado ❦

Cuando todos menos lo esperan, ¡declara una corrida de helado! ¡Todos van corriendo al auto y obtienen su helado favorito!

100. Martes: Reconocimiento colgado en la puerta ♥

Cuelga un cartel del picaporte de la puerta de tu hijo reconociéndole un buen acto.

¡Recuerda darle a tus hijos sonrisas y elecciones!

189

"The potential possibilities of any child are the most intriguing and stimulating in all creation."
-Ray L. Wilbur

"Las potenciales posibilidades de cualquier niño son las más intrigantes y estimulantes de toda la creación".

-Ray L. Wilbur

Conclusion

I hope this book has inspired you to share lots of smiles with your child. Studies have shown that just 15 minutes of playtime a day with a parent produces children who are more creative, have higher self esteem, and exhibit fewer negative behaviors. It is amazing what just a little playtime can do!

"We shall never know all the good that a simple smile can do."
-Mother Teresa

Conclusión

Espero que este libro los haya
inspirado a compartir muchas
sonrisas con su hijo.
Estudios han demostrado que sólo
15 minutos de juegos diario con los
padres produce niños más creativos,
con mayor autoestima y que muestran
menos comportamientos negativos.
¡Es sorprendente lo que puede hacer
un poco de tiempo de juego!

*"¡Nunca sabremos todo lo bueno que
puede hacer una simple sonrisa!".*
-Mother Teresa

193

Quick Idea List

1. Write I love you on the top of your child's hand with an erasable marker!

2. Hang red paper hearts by string in your child's doorway!

3. Create a puzzle by writing a letter to your child on the computer. Highlight the letter and change the font to wingdings. Include one line at the top of the page as a key. To make the key write, "Here is a puzzle for you," in a wingdings font and include a normal font beneath it to serve as a guide to fill in the rest of the puzzle!

4. Use a laundry basket to make a boat, car, or an airplane. Push your child all around the living room.

Lista de ideas rápidas

1. ¡Escribe te amo sobre la mano de tu hijo con un marcador borrable!

2. ¡Cuelga corazones rojos de papel en tiras en el umbral de la puerta de tu hijo!

3. Crea un rompecabezas escribiéndole una carta a tu hijo en la computadora. Resalta la carta y cambia la fuente a wingdings. Incluye una línea en la parte superior de la hoja como clave. ¡Para hacer la clave, escribe: "Aquí tienes un rompecabezas para ti", en fuente wingdings e incluye una fuente normal debajo como guía para completar el resto del rompecabezas!

4. Usa un canasto de la ropa para hacer un bote, auto o avión. Empuja a tu hijo por toda la sala.

5. Place a blanket over the kitchen table. Climb inside the cave!

6. Read this book with your child. Get feedback on the ideas he/she would like to try with you!

7. Show your love with heart shaped food. You can use heart shaped cookie cutters to make grilled cheese sandwiches. You can shape spaghetti noodles like a heart and fill the inside with marinara sauce. You can arrange the pepperoni on a pizza into a heart shape. You can even etch hearts into the butter with a knife! Be as creative as you dare!

8. Play occupation charades. Fill in the sentence "When I grow up, I want to be…" and act out the different types of jobs. Take turns guessing!

5. Coloca una sábana sobre la mesa de la cocina. ¡Trepen dentro de la cueva!

6. Lee este libro con tu hijo. ¡Escucha sus comentarios sobre las ideas que a él le gustaría probar contigo!

7. Muestra tu amor con alimentos en forma de corazón. Puedes usar moldes de galletas en forma de corazón para hacer sándwiches tostados de queso. Puedes hacer fideos con forma de corazón y colocar dentro salsa marinera. Puedes arreglar el pepperoni sobre una pizza con forma de corazón. ¡Hasta puedes grabar corazones en la manteca con un cuchillo! ¡Se todo lo creativa que puedas!

9. Hang a huge welcome home sign inside the front door as an afternoon surprise. Your child will be touched to know that you missed him so much!

Act out an idea right now!

8. Juega charadas de ocupaciones. Completa la frase "Cuando crezca, quiero ser ..." y actúa los diferentes tipos de trabajos. ¡Tomen turnos para adivinar!

9. Cuelga un enorme cartel de bienvenido a casa dentro de la puerta del frente como sorpresa para la tarde. ¡Tu hijo se emocionará de saber que lo extrañaste tanto!

¡Pon a la práctica alguna de las ideas ahora mismo!

Ways to Help Improve Fine Motor Skills

By Joyce L. Evans

Complete tasks with child observing which hand he uses. Stop whenever you see frustration. Try another activity or begin again tomorrow.

1. Toothpick construction
2. Lego construction using the small pieces
3. Nail and hammer
4. Nuts and bolts-assemble and take apart
5. Art with finger paint
6. Art with shaving cream
7. Art with pudding
8. Art with seeds
9. Squeeze—balls, lemons, water bottles
10. Wiggle—a rod, drumstick, pencil, through the fingers
try not to drop

Formas de ayudar a mejorar las habilidades motoras finas

por Joyce Evans

Completen las tareas mientras tu hijo observa qué mano utiliza. Detente cuando veas frustración. Intenta otra actividad o vuelve a comenzar mañana.

1. Construcción con escarbadientes.
2. Construcción con lego usando piezas pequeñas
3. Clavo y martillo
4. Ensamble y desarme de tuercas y tornillos
5. Dibujo con pintura con el dedo
6. Dibujo con crema de afeitar
7. Dibujo con budín
8. Dibujo con semillas
9. Chorros de pelotas, limones, botellas de agua
10. Mover un palito, un palillo de tambor, lápiz, a través de los dedos intentando *que no se caiga*

11. Sew—needle and thread-sewing cards
12. Straight pin pick up-put into cushion
13. Any games with small pieces to assemble
14. Locks and keys
15. Twisty ties-make a chain, loop or rope
16. String beads
17. Count kernels of popcorn
18. Button
19. Zip
20. Play the piano or keyboard
21. Crack peanuts in shells
22. Play dough

11. Con aguja de coser cosan tarjetas
12. Levantar y colocar el alfiler derecha
en la almohadilla
13. Cualquier juego con pequeñas piezas
para armar
14. Candados y llaves
15. Retorcer la soga, cadena
16. Atar cuentas
17. Contar granos de palomita de maíz
18. Botones
19. zíper
20. Toquen el piano o teclado
21. Rompan nueces
22. Amasen

Question of the Day:

Ask your child to describe his/her perfect day. More than likely it involves spending time with you. If possible try and create this "perfect" day.

♥ ♥ ♥ ♥ ♥ ♥ ♥ ♥

<u>Pregunta del día</u>

Pídele a tu hijo que describa su día perfecto. Seguramente incluye pasar tiempo contigo. Si es posible, intenta crear este día "perfecto".

Things to Ask Your Child

Can you fill in the blank? Double check with your child to make sure your answers are correct.

Favorite color _____
Favorite dinner _____
Favorite dessert _____
Favorite song _____
Favorite movie _____
Favorite friend _____
Favorite thing to do outside

_____
Favorite thing to do inside

_____
Favorite flower _____
Favorite subject at school _____
Favorite book _____
Favorite memory spending time with you

Cosas para preguntarle a tu hijo

¿Puedes completar los blancos? Verifica con tu hijo para asegurarte que las respuestas son correctas.

Color favorito _____
Cena favorita _____
Postre favorito _____
Canción favorita _____
Película favorita _____
Amigo favorito _____
Cosa favorita para hacer afuera

_____

Cosa favorita para hacer adentro

_____
Flor favorita _____
Materia favorita en la escuela _____
Libro favorito _____
Recuerdo favorito mientras pasaba
tiempo contigo

_____

Homework Helpers

1. Space Race

If your child does not have a permanently set up spot to do homework, such as a desk in his/her room, this is a good way to start homework time. Use a timer or stopwatch to time how long it takes your child to set up his/her supplies to begin homework. You can even keep track of record times.

Try to create a homework routine. Have a designated homework spot and a designated homework time. It is harder for a child to argue with the clock.

🕐

208

Ayuda tareas

1. Carrera de espacio

Si tu hijo no tiene un lugar específico permanente para hacer las tareas, como por ejemplo un escritorio en su habitación, esta es una buena manera de comenzar el tiempo de tareas. Usa un cronómetro para medir cuánto tiempo le lleva a tu hijo preparar sus cosas para comenzar las tareas. Incluso puedes llevar un registro de los tiempos récord.

Intenta crear una rutina de tarea. Designa un lugar permanente para hacer las tareas y un horario. Es más difícil para un niño discutir con el reloj.

🕐

2. Play Office

Pretend that your child has an office job. He/She can even dress up to look the part. You can be the boss. Tell him/her what they must do at work today (the homework assignments). Then let him/her do the job. If he/she needs a little help, your office is right down the hall.

3. Macaroni Math

Use macaroni to illustrate the concepts of math. They work well for addition, subtraction, division, and even multiplication. The tangible noodles help to make the point.

2. Jueguen a la oficina

Finge que tu hijo tiene un trabajo de oficina. Hasta puede disfrazarse para actuar. Tú puedes ser el jefe. Dile lo que debe hacer hoy en el trabajo (sus tareas de la escuela). Luego déjalo hacer el trabajo. Si necesita algo de ayuda, tu oficina queda al final del pasillo.

3. Matemática de macaroni

Usa macaronis para ilustrar los conceptos de matemática. Funcionan bien para sumas, restas, divisiones e incluso multiplicaciones. Los fideos tangibles ayudan a razonar.

4. Food Fractions

Pizzas are great helpers when learning fractions; but you can use any food you can cut into equal sized pieces. Just remember to count how many pieces make up the whole.

5. Candy Problems

Turn math into a treat! Simply put an M&M, skittle, or other favorite candy on each math problem. When your child works exceptionally hard on a problem, he/she gets to eat the candy.

4. Fracciones de alimentos

Las pizzas son muy útiles cuando se están aprendiendo fracciones; pero puedes usar cualquier alimento que puedas cortar en trozos iguales. Sólo recuerda contar cuántos trozos hacen el total.

5. Problemas de dulces

¡Convierte la matemática en una golosina! Simplemente pon un M&M, Skittle o cualquier otro dulce favorito en cada problema de matemática. Cuando tu hijo trabaje excepcionalmente duro en un problema, puede comerse la golosina.

6. More Spelling Fun

While bathing your child this evening, call out your child's spelling list. You can use soap crayons or soap finger-paints. They make a wide array of these products for the bathtub. Simply check your local drugstore.

7. I Write the Songs

Making up songs or rhymes with your child is a fun way to commit things to memory.

6. Más ortografía divertida

Cuando bañes a tu hijo esta noche, repite la lista de palabras de ortografía de tu hijo. Puedes usar crayones de jabón o pintar con los dedos con jabón. Vienen una gran variedad de estos productos para la bañera. Simplemente verifica en tu farmacia local.

7. Escribe canciones

Inventar canciones o rimas con tu hijo es una manera divertida de memorizar cosas.

8. Alphabet Body Contortion

Let your child practice spelling by forming the letters of the words with his/her body.

9. Map Mosaic

A fun way to learn geography is to make it into a game. Find a map you can cut up. If you have access to the web, factmonster.com/atlas has some good ones. Let your child cut the states apart to make puzzle pieces. Then he/she can put them together.

8. Abecedario con el cuerpo

Haz que tu hijo practique ortografía formando las letras de las palabras con su cuerpo.

9. Mosaico mapa

Una forma divertida de aprender geografía es hacerlo como un juego. Encuentra un mapa que puedan recortar. Si tienes acceso a Internet, factmonster.com/atlas tiene algunos buenos. Deja que tu hijo recorte los estados y armen rompecabezas. Luego él puede armarlo.

10. Puppet Play

Playing with puppets can transform the monotony of doing homework. Use the puppets to answer questions, do mental math problems, and recite poems or speeches.

11. Scrabble Scramble

Another way to practice spelling words is to use the tile letters from a scrabble game. You can hand the letters that make up a word to your child and ask him/her to put them together. Or you can ask your child to pick them out without any help. Finally, you can play a game of scrabble using your child's spelling words.

10. Títeres

Jugar con títeres puede transformar la monotonía de hacer las tareas. Usa a los títeres para responder preguntas, hacer problemas mentales de matemática y recitar poemas.

11. Scrabble Scramble

Otra forma de practicar la ortografía de palabras es usar fichas letras de un juego de scrabble. Puedes entregarle a tu hijo las letras que forman una palabra y pedirle que la arme. O puedes pedirle que las tome él mismo sin tu ayuda. Por último, puedes jugar a un juego de Scrabble usando las palabras de la lista de ortografía de tu hijo.

219

Index

A

B

C

D

G

H

I

J

K

N

O

P

T

Índice

E

F

G

H

J

K

L

If you would like to share your ideas or stories on creating smiles in a child's life send them to:

Show Me You Love Me
c/o Beatify Books
Po Box 140
Kingmont, WV 26578

Or visit us online at: TaraKoerber.com

Si deseas compartir tus ideas o historias para crear sonrisas en la vida de un niño, envíalas a:

Show Me You Love Me
c/o Beatify Books
P.O. Box 140
Kingmont, WV 26578

O visítanos en Internet en:
Tarakoerber.com

Name			
Address			
City/State		ZIP	
Phone #	E-mail address		

Notice: All prices subject to change without notice

Title	QTY	Price	Total
Show Me You Love Me		X $9.95	
100 Magical Moments		X $9.95	
		X	

Shipping charges:	Total QTY	Total price
Please add $2.00 for the first book and $1.00 for each additional book. **Check or money orders only**	WV addresses only add appropriate sales tax	Shipping
		Tax
Send to: Orders C/O Beatify Books PO Box 140 Kingmont, WV 26578	Total enclosed	